VERITABLE DISCOVRS DV MA-RIAGE DE TRESHAVT,

Trespuissant, & Treschrestien, Charles neufiesme de ce nom, Roy de France, & de Tresexcellente & vertueuse Princesse, madame Elizabeth fille de l'Empereur Maximilian, faict & celebré en la ville de Mezieres, le xxvi. iour de Nouembre. 1570.

A PARIS,

Par Iean Dallier Libraire, sur le Pont S. Michel,
à la Rose blanche.

1570.

Auec Priuilege du Roy.

VERITABLE DISCOVRS

DV MARIAGE DE TRES-
hault, Trespuissant, & Treschrestien,
Charles neufuiesme de ce nom, Roy de
Frãce, & de Tresexcellẽte & vertueuse
Princesse madame Elizabeth fille de
l'Empereur Maximillian, faict & celebré en la ville de Mesieres, le xxvi. iour
de Nouembre. 1570.

APRES que le Roy eut à sa tresgrande satisfaction & contentement entendu par vne bien ample depesche, que luy feit de Spire Monsieur le Conte de Retz, premier gentilhomme de sa chambre, Que suiuant les pouuoirs que sa majesté auoit enuoyez par luy derant qu'apres vn si long chemin qu'auoit faict ladicte dame Elizabeth par temps pluuieux & fascheuse saison, elle n'auoit besoing que de repoz : voullant aussi releuer iceux Seigneurs Electeur de Triefues, euesque de Strasbourg, Marquis de Baden, Conte de Solern, & autres Côtes & Seigneurs qui estoiét à sa conduicte, du trauail qu'ils auoient supporté en leur voyage, & leur donner le moins de peine & fatigue qu'il luy seroit possible, auroit chãgé le premier desseing qu'elle auoit faict de consommer son mariage en la ville de Compiegne, qui est bien auant en France, & esleu celle de Mezieres, premiere ville de ce costé de frõtiere. Et pour ceste occasion enuoyé promptemét preparer le logis le plus commodément qu'il seroit possible : Bien qu'il feust malaysé de loger vne si grande compaignie qui s'y deuoit trouuer,

A iij

à monfieur l'Archiduc Ferdinand, &
l'inftruction & charge expreffe que
fa majefté auoit baillée audict fieur
Côte, les folemnitez & ceremonies
du mariage du Roy, & de madame la
Princeffe Elizabeth, fille de l'Empereur auoient efté faictes par parolle
de prefent à Spire, en face de noftre
mere S. Eglife, le vingtdeuxiefme
iour du moys paffé, fort folennelle-
ment & honorablemét:Et que dés le
vingtquatriefme iour dudict moys,
l'Empereur auoit faict acheminer i-
celle Princeffe, conduicte par mef-
fieurs les Electeur de Triefues, Euef-
que de Strasbourg, Marquis de Baden, Conte de Solern, grand maiftre
de ladicte Princeffe en fon voyage
en Fráce, & plufienrs Cóntes & feigneurs d'Allemagne, pour arriuer à
la frontiere de ce royaume du cofté
de Luxembourg, le vingtcinquiefme
de ce moys. Sadicte majefté confi-

ne par tous ſes Royaume & pays, au
deuant d'elle, accompaigné de monſeigneur le Duc d'Alençon auſſi ſon
frere, de monſeigneur le Duc de Lor
raine, ſon beau frere, auec tous les
Princes, & vne grande compaignie
des Seigneurs, Cheualiers & Gen-
tilzhommes, qui ſuiuirent mondict
Seigneur en auſſi bõ ordre & equip-
page que l'on euſt ſceu veoir. Et furent ce iour la, qui eſtoit le Ieudy
vingt-troiſieſme de ce moys, coucher à Sedan: & le lendemain rencõ-
trer ladicte dame, qui eſtoit en ſon
chariot en plaine campaigne, pres
de Douzy, où elle auoit couché. Et
approchant mõdict Seigneur dudict
chariot, meit pied à terre, cõme auſſi
feirent meſdicts Seigneurs le Duc, &
Duc de Lorraine, & ſemblablement
ceux des autres Princes Cheualiers
& ſeigneurs des plus grandes & meil
leures maiſons de ce Royaume. Dõt

en lieu si peu spatieux. Mais pour gra
tiffier lesdicts Princes & Seigneurs
estrangiers, auroit sa Majesté expres-
sement commãdé de les loger & ac-
commoder en la plus belle & meilleure partie de ladicte ville: comme il
a tresbien esté fait. Les choses ainsi
ordonnées, sadicte Majesté feit enté
dre ceste sienne resolution audict seigneur Conte de Retz, & à monsieur
le Conte de Fiesque, qui a tousiours
conduict icelle Princesse, depuis que
sa Majesté Cesarée la feit partir de
Spire, & à ce que, suiuant cela, ladicte dame Elizabeth & Seigneurs
qui l'accompaignoient disposassent
de leur chemin & iournées. Arriué
que fut le Roy à deux iournées pres
de ladicte ville de Mezieres, & ayant
entendu que icelle dame y deuoit e-
stre bien tost, il enuoya Mõseigneur
le Duc d'Anjou son frere, & Lieute-
nant general, representant sa person-

qu'il auoit, comme dict eſt, aduertis
qui deſcendroient à pied & s'appro-
cheroient pres du chariot de ladicte
dame, pour luy faire la reuerence,
ayāt ordōné que le reſte de ſa trouppe qui eſtoit fort grande demouraſt
plus loing à cheual. Comme elle feit
pendant que mondict ſeigneur pre-
ſenta iceulx Princes Cheualiers &
ſeigneurs à icelle dame : laquelle re-
ceut auſſi benignement l'affection de
quoy elle eſtoit ſalüée par ceſte bonne & grande trouppe. Et cela faict ladicte dame ſe raſſiſt en ſōdit chariot.
Et luy apres auoir ſalué Meſſieurs les
Eſlecteur de Triefues , Eueſque de
Strabourg, Marquis de Baden, Conte de Solern , principaux ſeigneurs
depputez par ſadicte Majeſté Ceſarée, pour conduire & accompaigner
icelle Princeſſe,& aucūs des plus ap-
parens Contes & Seigneurs qui eſtoient auec eux, qui meirent pied à

B

aucuns estoient du conseil priué du
Roy, estans en la trouppe de mõdict
seigneur, & qu'ils auoit aduertis qui
descendroient. Et apres que mondict seigneur l'eut fort honorable-
ment saluée & mesdicts Seigneurs le
Duc, & Duc de Lorraine aussi: & que
de sa part estét leuée hors de son sie-
ge, & qu'elle les eut de treshonneste
& fort bonne & modeste façon aussi
saluez, mondict seigneur apres luy a-
uoir, par commandement du Roy, &
de la Royne sa mere, faict entendre
les hõnestes propoz, dont leurs Majestez luy auoient donné charge, &
faict de sa part fort courtoisement
toutes les bonnes & affectionnées
receptions qui se peuuent faire de
grande & franche volonté & amour:
cõme aussi feirét mesdicts seigneurs
le Duc, & Duc de Lorraine, luy pre-
senta lesdicts Princes & grands Seigneurs, & ceux du conseil du Roy
u'il

ques à Sedan. D'où comme elle en approcha, elle fut saluée de l'artillerie, qui estoit en fort grand nombre sur les murailles & rempars. Et y fut ladicte dame fort honorablemét receue par monsieur le Duc de Bouillö, qui à ceste fin auoit faict de beaux & grandz preparatifs. Et ce seoir la mondict seigneur feit prier ledict Sieur Electeur de Triefues de soupper auec luy, cóme il feit, assis l'vn deuant l'autre. Et y soupperent aussi aucuns Contes & Seigneurs Allemans qui estoient de la suitte d'iceluy sieur Electeur. Lesquelz furent excellément bien traictez & à leur gré. Le lendemain qui fut le Samedy vingt-cinqjesme iour de cedit present mois, elle veint coucher en ladicte ville de Mezieres, où le Roy se rendit au mesme instant & y arriuant ladicte dame, l'on ne faillit pas de la saluer aussi d'vne infinité de coups de canon, se fai-

terre, venans vers mondict seigneur
& mesdicts seigneurs le Duc, & Duc
de Lorraine, & autres Princes, remõ-
te mõdict seigneur à cheual, comme
aussi feirét mondict seigneur le Duc,
mondict seigneur le Duc de Lorraine, & tous ceux qui estoient descen-
duz. Et se meirent, assauoir mesdicts
seigneurs le Duc, & Duc de Lorraine deuant, les plus pres dudict chariot,& deuant eux,les autres Princes
Cheualiers & Seigneurs , & le reste
des gentilzhõmes de ladicte trouppe des François . Et derriere ledict
chariot estoient lesdicts Allemans ,
venans auec ladicte Princesse, & sei-
gnenrs de sa trouppe, marchás & les
vns & les autres en tresbon ordre.
Et mondict seigneur demoura tout
le lõg du chemin à costé dudict chariot,qui estoit tout ouuert, accom-
paignant& entretenant tousiours de
bons discours, icelle Princesse , ius-

Daulphin, & de la Roche-Suryon,
Duchesses douairiere de Guyse, de
Nemoux, de Neuers, de Guyse, madame la Connestable & Duchesse de
Montmorency, & vne infinité d'autres grandes dames qui estoient en
ladicte salle, d'où elle fut par ladicte
dame Royne conduicte en vne autre
gráde salle haulte encores plus richement parée : Et de là en la chambre
qui luy estoit preparée, où l'on la lais-
sa vn peu reposer. Et quant elle fut
preste, qui fut bien tost apres, la Royne mere du Roy y amena le Roy auec
mesdicts Seigneurs ses freres & mó-
seigneur le Duc de Lorraine seulle-
ment, Madame la Duchesse de Lorraine & madame, sœurs du Roy. Et
apres que le Roy eut fort courtoise-
mét salué ladite Princesse Elizabeth,
& fait toutes les hónestes bónes che-
res & gratieuses bié venuës q se peuuent péser, parlant à elle de si hóneste

B iij

sant toutes les demonstrations de
ioye & allegresse possibles par toute
la court du Roy, qui estoit grande de
Princes & Seigñrs. Et n'y auoit aussi
faulte de ioye & contentement par-
my les habitans de la ville , veoyans
leur Roy & leur Royne arriuer en
vn mesme instant si bien accompaignez, & pour vne si bonne occasion.
Et comme icelle Princesse arriua à la
porte de ladite ville y faisant son entrée, elle fut suiuie d'vne infinité de
trompettes, clairons, haultz-boys, &
toutes autres sortes d'instrumés son-
nans auec vn bruict & melodie tresgrande: Et conduicte en vne salle richement tapissée & parée, à l'entrée
de laquelle elle fut fort humainemét
receuë par la Royne mere du Roy,
qui s'y trouua accompaignée de madame la Duchesse de Lorraine, & madame, ses filles. Mesdames les Duchesses de Montpensier , Princesses

qu’il auoit fait, se feirét excuser enuers leurs Majestez. Le reste de ce soir se passa à danser & baller, & pource qu’elle estoit aussi lassée du chemin, l’on se retira de bonne heure. Le lendemain matin qui fut dimáche vingtsixiesme dudict present moys, icelle dame richement vestue & habillée à l’Espagnolle, d’vn accoustrement de satin blanc à broderie d’or, qu’elle auoit aportez auec elle, fut par lesdits Sieurs Electeur de Triefues, Euesque de Strasbourg, Marquis de Baden, & Conte de Solern, accompaignez de plusieurs Contes & Seigneurs Allemans, amenée en l’antrechambre du Roy, qui estoit aussi fort sumptueusemét meublée & tapissée, où estoiét leursdictes Majestez, mesdictz Seigneurs les Ducz d’Aniou, & d’Alençon freres du Roy, monseigneur de Lorraine, madame de Lorraine, & madame, sœurs du Roy. Les Princes

façon & bonne grace qu'il n'eſtoit
poſſible de plus aſſez longue eſpace
de téps, ſa Majeſté print icelle Princeſſe à la main droite,& ladicte dame
Royne ſa mere à la main gauche, &
la menerét en ſon antrechambre,qui
eſtoit auſſi fort richement meublée,
faiſans à icelle Princeſſe touſiours v-
ne infinité d'honneſtes receptions &
tát de bon accueil qu'il ne s'en pour-
roit d'auantaige. Repaſſant par ladicte grand ſalle y eſtoient les autres
Princes du ſang & autres Princes, a-
uec infinité de Cheualiers & grandz
ſeigneurs qui eſtoient attendans le
Roy pour l'accompaigner. L'heure
du ſoupper venue, ladicte dame Elizabeth fut traictée en feſtin,où furét
cóuiez meſdicts Sieurs l'Electeur,E-
ueſque de Strasbourg , Marquis de
Baden, & Conte de Solern. Mais à
cauſe du trauail qu'ils auoient eu ce
iour la pour la pluye & mauuais téps

Roy, & veſtue de l'accouſtrement
Royal, comme il eſt accouſtumé en
Fráce, & couronnee d'vne treſriche
couronne. Cependant ſe prepara par
le maiſtre des ceremonies l'ordre
qui auoit eſté ordonné pour aller à la
grand Egliſe, où ſe feiſt & celebra la
cófirmatió des eſpouzailles de leurs
majeſtez. Il y auoit depuis le logis
du Roy iuſque à ladicte Egliſe le lóg
de la grande rue qui eſtoit toute tappiſſee, vne haye d'archers & de ſoldatz François de la garde du Roy, de
la Royne ſa mere, & de meſdicts ſeigneurs les ducz d'Anjou & d'Alécon
Auſquelz cómandoyent aſſauoir auſ-
dicts archers des gardes leurs Cappitaines lieutenans & exemps. Et
auſdictz ſoldatz, le ſieur de Strozzy
collonel. Le cappitaine Coſſens maiſtre de camp, & les cappitaines deſ-
dictz ſoldatz, auec leurs lieutenans
for bié armez & ordónez. Au milieu

C

du ſãg & autres Princes & ſeigneurs,
& ceulx du conſeil priué du Roy. Et
apres vne harangue que feit en latin
vn orateur de l'Empereur, ſuyuant la
charge & pouuoir qu'ils en auoiét de
ſa Majeſté Ceſarée, fut icelle Pŕiceſſe
preſẽtée & cõſignée és maĩs du Roy,
& de la Royne ſa mere, qui la receu-
rent de tresbonne & grande affectiõ
& la meirent entr'eux deux. Apres a-
uoir ouy le pouuoir d'iceux Sieurs
depputez, & commanderent leurſdi-
ctes Majeſtez au Sieur de Moruillier
Conſeiller du Roy en ſon Cõſeil priué, ayãt la charge des Seaulx de Frãce, de reſpondre en latin à ladicte harangue, comme il feit treſeloquem-
ment & à la grande ſatisfaction & cõ
tentement, non ſeulement deſdicts
depputez d'icelle Cezarée Majeſté,
mais auſsi de toute l'aſſiſtance. Cela
faict, fut icelle Princeſſe remenée en
ſa chambre par la Royne mere du
Roy,

sieur de Tauannes, le Nonce de no-
stre saint pere le Pape, par ledit sieur
de Moruillier. Apres suyuoient les
ducz d'Aumalle & de Montmorécy:
& entre eux deux le grand maistre
dudict seigneur Empereur, les sieurs
prince d'Aulphin & duc de Longueuille, & entre eulx deux l'Euesque de
Strasbourg. Les sieurs cardinaulx de
Lorraine & de Guyse & messieurs
les ducz de Lorraine & de Môtpen-
sier, apres eux estoyent les Heraultz
auec leurs cottes d'armes, Les huis-
siers de chambre portans leurs mas-
ses, mousieur le duc de Guyse grand
maistre, ayant son baston:& quelque
espace apres marchoit le Roy, ayant
à sa main gauche môsieur l'Eslecteur
de Triefues, Et aupres de sa maiesté
monsieur le Marquis de Mayne grãd
chambellan, & le sieur de Nancey
cappitaine des gardes à costé. Et a-
pres La Royne Elizabeth, menee &

C ij

defquelz y auoit fur le paué, vn drap
de piedz, eftendu depuis le logis du
Roy, Iufques à la porte d'icelle Egli-
fe.Iceluy drap apres y auoir feruy, de
dié & departy aux pauures. Dedãs ladicte Eglife eftoient les archers de la
garde Efcoffoize, aufquelz comman-
doient Mõfieur le Vidame du Mans,
l'vn des capitaines,des gardes. Et
pour aller à icelle Eglife,cõmancerét
à marcher les cinquante Tudefques
que ladicte Royne auoit amenez a-
uec elle. Puis les gardes des Suyffes
du Roy,les trompettes, haultz bois,
vyolons:les gentilz-hommes feruãs,
les Gentilz-hommes de la chambre
& cheualiers de l'Ordre du Roy, les
Ambaffadeurs, conduictz & accom-
pagnez par aucũs fieurs des plus an-
ciens du confeil priué du Roy. Affa-
uoir celuy de Venife, par le fieur de
Lymoges,celuy d'Efcoffe par le fieur
de Lanffac , celuy d'Efpaigne par le

ſtoyent les Cóteſſes d'Harembergue
& de Challan qui ſont venues d'Alle-
maigne accompaigner ladicte dame
Royne Elizabeth, & s'acheminoyét
auſsi les aurtes ducheſſes, conteſſes
& dames, enſemble les dames & damoyſelles eſtant en l'eſtat de ladicte
Royne, mere du Roy, & de meſdi-
ctes dames ſes filles. A la principale
porte de laidicte Egliſe ſe trouua mon
ſeigneur le Cardinal de Bourbon, Ar
cheueſque de Rouen, reueſtu & accompaigné fort honnorablement,
Lequel ſoubz le portail à lentree d'i-
celle Egliſe, en confirmant le mariage & ce qui auoit eſté faict audict
Spyre , eſpouſa le Roy & ladicte
Royne Elizabeth & puis s'achemi-
nerent tous au cœur d'icelle Egliſe,
qui eſtoit fort richemét tappiſſee. S'y
chanta la meſſe par módict ſeigneur
le Cardinal de Bourbon, laquelle le
Roy & ladicte Royne Elizabeth ouy-

C iij

souſtenue par meſdictz ſeigneurs freres du Roy les ducz d'Anjou & d'Alençon , eſtant la queuë de ſon habillement royal portee par meſdames les ducheſſe de Môtpenſier princeſſes d'Aulphin & de la Roche-ſuryon. La Royne mere conduicte par môſieur le duc d'Vzes & la queuë de ſon habillement portee par madamoyſelle de Bruſſuyre , Apres marchoyent madame la ducheſſe de Lorraine,ſeur du Roy,menee par le ſieur de Bryon, le ſieur de la Rocheguyon portant la queuë de ſa robbe. Madame auſsi ſeur du Roy , conduicte par le ſieur d'Aſerat l'aiſné. Monſieur le conte de Rochefort portant auſsi la queuë de ſa robbe. Et ſuyuirêt apres madame la douairiere de Guyſe,madame de Nemoux , meſdames de Guiſe & de Neuers.Madame la Conneſtable & Madame la ducheſſe de Montmorency , auec leſquelles e-

tres dames & damoyſelles en fort
grand nõbre, auſsi treſrichement pa-
ree. Et aux coſtez de l'autet ou ſe diſt
la meſſe yauoit des bãcz couuers de
drap dor, & des aureilers, ſur leſquelz
à main droicte furent aſsis meſsieurs
les Eſlecteur de Triefues, Eueſque
de Strasbourg & Cõte de Solern. Et
en vne chappelle ioignant, & derrie-
eux debout, vne grande partie des
Contes & gentilz-hommes Allemãs
qu'ilx auoyẽt amenez. Et à main gauche eſtoyent aſsis meſsieurs les Cardinaulx de Lorraine & de Guyſe,
monſieur le Nonce du Pape & meſſieurs les Ambaſſadeursl d'Eſpaigne,
d'Eſcoſſe & de Venize, auec ceux
du conſeil du Roy, qui les accompaignoient. La meſſe dicte, & le reſte
de la ceremonie deſdictes eſpouzail
les faicte, lon retourna au meſme
ordre que l'on eſtoit venu, droict à
laſalle du feſtin Royal, où furẽt aſsis

rent eftans à genoux à cofté l'vn de
l'autre foubz vn hault dayz à cofte
droiċt. Et derriere eux plus bas aufsi
foubz lediċt daix, eftoyent mefdiċtz
feigneurs les ducz d'Anjou & d'A-
lençõ. Et y eftoit aufsy monfeigneur
le duc de Lorraine & aupres, vn peu
derriere les autres Princes cheualiers
& feigneurs. Et plus bas du mefme
cofté hors dudiċt cœur dedans la nef
de l'Eglife eftoyent les gentilz-hommes François en fort grand nombre
tous fort richement veftuz. A la main
gauche dudiċt hault dayz y auoit vng
autre hault dayz ou eftoit la Royne
mere du Roy, & derriere elle foubz
lediċt dayz, madame la ducheffe de
Lorraine, & madame feurs du Roy.
Et affez pres derriere les Princeffes
& grand nõbre de Ducheffes Con-
teffes & dames. Et plus bas du mefme cõfté dedans ladiċte nef au def-
foubz du cœur eftoyent plufieurs au-

me de Guyſe, & de ceſte main. Mais
de l'autre coſté de la table , vis à vis
de madicte dame de Lorraine, mada-
dame & autres deſſuſnõmez eſtoyét
aſsis monſieur le Nonce du Pape,&
meſsieurs les Ambaſſadeurs d'Eſpaigne, dE'ſcoſſe, & de Venyſe. Ledict
feſtin Royal fut ſeruy fort honora-
blement, & de grand ordre , ſonnás
à chacun ſeruice les trompettes &
clairons qui marchoyent deuant ledict ſeruice. Suiuoyét apres les Heraultz, auec leurs cottes d'armes, les
maiſtres d'hoſtel ordinaire du Roy,
& deſdictes deux dames Roynes. Et
apres monſieur le Duc Guyſe portát
ſon baſton hault, & ſeruant de ſon
eſtat de grand maiſtre, monſieur le
Marquis de Mayne ſon frere ſeruant
auſsi de ſon eſtat de grand Chambel
lan. Monſieur le Prince d'Aulphin
ſeruoit le Roy de pánetier, monſieur
de Longueuille d'eſchancon , mon-
D

sur vn grand haut dayz, le Roy à sa
main droicte, la Royne son espouze
à costé d'elle:à main droicte, estoyét
messeigneurs les Ducz d'Anjou &
d'Alencon, madame de Montpésier,
monsieur le Cardinal de Bourbon,
madame la Princesse de la Roche-
suryon, môsieur le Cardinal de Lorraine, madame de Nemoux, monsieur le Cardinal de Guyse, madame
de Neuers, monsieur l'Euesque de
Strasbourg, madame de Montmorency, monsieur le grand maistre de
l'Empereur, madame d'Harãbergue,
madame la Contesse de Chalan. Et
à la main gaulche à costé du Roy, la
Royne sa mere, pres d'elle monsieur
l'Esecteur de Triefues, audessoubz
madame la Duchesse de Lorraine,
Madame:monsieur le le Duc de Lor
raine, madame la Princesse d'Aulphin, monsieur de Montpensier,ma-
dame la douairiere de Guyse, mada-

Lefquelz oultre cela furét forniz de
viures & de bons vins abondáment
en leurs logis, & eux & leurs gens &
cheuaulx deffrayez entierement audict Mezieres. Et oultre cela ont efté
faictz par leurfdictes maieftez aufditz
Princes & feigneurs Allemans de
grandz prefens , de forte qu'ilz s'en
vont fort contans, comme ilz ont
bien raifon , & en la meilleure oppi-
nion & reputation du Roy , de la
Royne fa mere, & de meffeigneurs
fes freres, & des autres Princes feigneurs & Gentilz-hommes Fráçois,
que iamais feirent Eftrangers. Faict
à Meziere le vingt-neufiefme iour
de Nouébre, mil cinq cens feptante.

figné   P I N A R T.

D ij

sieur le duc d'Aumalle, d'escuyer trá-
chant, monsieur le duc de Montmorency seruoit la Royne de pannetier,
monsieur le Duc de Rouennois, d'eschançon, monsieur de Bryende d'escuyer trenchant, mõsieur d'Vzes seruoit la Royne mere du Roy de pánetier, monsieur de Meru d'eschançon.
monsieur de Thoré d'escuyer trenchant. La viande estoit portee par
les Cheualiers de lordre & gentilzhõmes de la chambre, & marchoyét
tousiours les trois pãnetiers de frõt.
Et peu apres les graces que pronon-
ça mõsieur l'Euesque d'Auxerre, grád
ausmonier du Roy , eommença le
grand bal. Où le Roy mena la Royne
son espouze. Le semblable fut faict à
soupper. Le lendemain qui fut le lun-
dy & le mardy ensuyuant furent, aussi
continuez les festin. Et feist on pendant ces iours tout le meilleur traite
mét que lon peut ausdicts estrágers.

Votum Galliæ.

CAROLO NONO REGI
CHRISTIANIS. ET ELIZABETHAE
Reginæ castiss. sanctiss. nuptiarum
vinculo iunctis fœliciter.

Sit Thalamus pacis, nunquam discordia sacros
Amplexus violare queat, sit nulla pudoris
Labes, ardenti veræ virtutis amore
Viuant vnanimes, sint pulcra prole parentes
Sanctæ Dei præcepta colant, legésque requirant
Iustitia firment Regnum, & pietate coronent.

IO. GED.

PIETATE ET IVSTITIA

Contraste insuffisant

NF Z 43-120-14